Szabo · Kirmes, Jahrmarkt und Volksfest im Spiegel historischer Postkarten

Sacha Szabo

Kirmes, Jahrmarkt und Volksfest im Spiegel historischer Postkarten

Ein kulturgeschichtlicher Streifzug

Mit einem Vorwort von
Frank Lanfer

Olms Presse
Hildesheim · Zürich · New York
2007

Bibliografische Information der Deutschen Nationalbibliothek
Die Deutsche Nationalbibliothek verzeichnet diese Publikation
in der Deutschen Nationalbibliografie;
detaillierte bibliografische Daten sind im Internet
über http://dnb.d-nb.de abrufbar.

∞ ISO 9706

Herstellung: druckhaus köthen GmbH, Köthen/Anhalt
Printed in Germany
Gedruckt auf säurefreiem und alterungsbeständigen Papier
Umschlagentwurf: Inga Günther, Hildesheim
ISBN 978-3-487-08468-8

Vorwort

Technische Innovationen feierten auf Volksfesten und in Amusementparks um die Jahrhundertwende ihre Massentauglichkeit – und zwar in Form von Fahrgeschäften.

Derartige Attraktionen waren (und sind) aber auch mit der Entdeckung der körperlichen und geistigen Empfindungen eines jeden einzelnen Menschen gleichzusetzen. Mit anderen Worten: Massenkompatible Erlebnisse auf immer neuartigeren Fahrgeschäften ermöglichten die Entdeckung der eigenen Grenzen und somit den Ausbruch aus der tristen Alltagswelt – kein Wunder also, dass man diese Erfahrungen mit allen Nichtanwesenden, mit Freunden, Bekannten, Verwandten gerne teilen wollte. Und zwar mittels Postkarten.

Schon immer kam das Volksfest einem Massenspektakel gleich. Jedoch war die historische Kirmes eher mit dem Begriff „Romantik" behaftet – wenngleich es natürlich auch damals schon Rüpelhaftigkeit, Gaunerei und Betrug gab. Doch will man für die heutige Kirmes ein zwischenmenschliches Schlagwort bemühen, so kann sie vielleicht mit „purem Sex" umschrieben werden: Schnelllebige Ekstasen werden ohne großes Vorspiel erkauft. Je höher und schneller, desto besser. Je billiger, desto mehr. Auf der anderen Seite: Je schmuddeliger, desto weniger gesellschaftskonform. Außerdem: Diese rein quantitative Konsumorientierung macht sich auch bei der „Halbwertzeit" der Fahrgeschäfte bemerkbar, die nach nur wenigen Jahren schon aus der Mode gekommen sind. Doch wo bleibt da die Gemütlichkeit der „Krinoline", der hölzernen „Berg- und Talbahn" oder der „Geisterbahn", in dem Frischverliebte einen Augenblick lang der Öffentlichkeit entschwinden konnten?

Ein anderer Grund, weshalb heutzutage nur noch selten Postkarten von Fahrgeschäften oder Volksfesten zu erhalten sind, ist wohl auch der Tatsache zu verdanken, dass viele Kirmessen zu „normal", ja fast schon alltäglich geworden sind. In vielen deutschen Städten wurden in den letzten Jahrzehnten erfolgreiche Veranstaltungen einfach über das Kalenderjahr inflationär kopiert. Frühlings-, Sommer- und Winterdom. Frühjahrs-, Haupt-, und Herbstmesse. Oster-, Sommer- und Oktoberfest. Jeweils zehn oder mehr Tage lang. Wiederholungen tausendfach.

Und womöglich gar mit immer gleichen Fahrgeschäften und Aufbauplänen. Attraktionen, ohne die nichtalltägliche Attraktivität.

Natürlich gibt es sie noch, die Grandplätze mit ihrer jährlichen Einmaligkeit. Freimarkt, Stoppelmarkt und Wasen beispielsweise. Pützchen, Crange und Soest, um nur einige zu nennen. Doch mittlerweile haben auch andere Städte und Gemeinden dies erkannt und rudern auf jährlich ein- oder zweimalige Veranstaltungen zurück. Vielleicht noch nicht zu spät, denn es ist der einzige Weg, spektakuläre „Einmaligkeiten“ im Alltagsleben zu schaffen. Damit Volksfeste wieder für's gesamte Volk attraktiv erscheinen. Veranstaltungen, von denen man spricht, von denen man lebt. Jahrmärkte mit Identität. Dann wird es auch wieder Postkarten geben, die mehr sind als reine Werbung. Für Grüße aus einer Welt des Vergnügens an den Rest der alltäglichen Welt. Wichtige Dokumente der flüchtigen Lebensfreude. Kultur pur.

Frank Lanfer

Auf den folgenden Seiten wird ein Bild vergangener Jahrmarktswelten zum Leben erweckt; viele aktuelle Jahrmarktattraktionen haben ihre direkten Vorläufer in der Zeit der Jahrhundertwende um neunzehnhundert. Neben einfacheren Attraktionen, die schon vor dem zwanzigsten Jahrhundert bekannt waren – wie der Schlaghammer („Hau den Lukas"), die Schießbuden oder die verschiedenen Schaubuden – wurden in dieser Zeit das Kettenkarussell, der Autoskooter, die Berg- und Talbahn oder auch die Achterbahn erfunden. Vergleicht man nun die Abbildungen der historischen Jahrmarktsabbildungen mit dem modernen Jahrmarkt, entdeckt man viel Gleiches aber auch Unterschiede. So sind manche Attraktionen, wie etwa die große Masse der Schaubuden, auf den heutigen Jahrmärkten nicht mehr zu finden und teilweise ganz aus dem Gedächtnis gelöscht. Zum einen ermöglichte die technische Entwicklung immer neue Attraktionen, zum anderen verlangte das zahlende Publikum ständig nach immer aufregenderen Fahrgeschäften.

Aber nicht nur der Wandel der Festkultur, sondern auch der Wandel der Freizeitkultur hat Teil an den Veränderungen auf dem Festplatz und dem Verschwinden mancher Volksbelustigungen. Z.B. hat das Fernsehen viele der damals exklusiven Vergnügungen sich seinem Format unterworfen und zu eigen gemacht.

Betrachtet man die Abbildungen dieser frühen Jahrmärkte, entdeckt man hier die Industrialisierung der Freizeit und ebendies macht die Illustrationen auch so wertvoll. Sie sind einerseits Sittengemälde einer vergangenen Zeit, anderseits technisch-historisches Dokument des Entstehens einer modernen Freizeitkultur. Umso bemerkenswerter ist es, dass sich bis heute die Jahrmärkte eines großen Zuspruchs erfreuen. Und fragt man sich, welche Funktion die Jahrmärkte heute und damals verbindet, so ist dies die Herstellung eines spürbaren körperlichen Erlebens. Diese Funktion ist das Merkmal einer jeden Attraktion. Ausgehend vom Staunen bei der Schießbude, über den Schwindel beim Karussell, den Schrecken in der Achterbahn bis zum alkoholischen Rausch im Bierzelt. Dieses Erleben ist auf dem Festplatz nicht allein nur sozial umrahmt und eingebettet, das Soziale selbst wird auf dem Festplatz in Form von Erotik und Sexualität zum Rauschmittel, wie wir auf den folgenden Abbildungen sehr oft sehen werden.

Bei den vorgestellten Postkarten bilden Jahrmarktsszenen oft einen Hintergrund für Szenen des Zwischenmenschlichen und sind daher ein ausdrucksstarkes Dokument einer historischen Epoche. Aber die Postkarten stellten aufgrund ihrer Beliebtheit auch selbst eine Jahrmarktsattraktion dar. Entsprechend zeigen manche Postkarten Postkartenverkäufer und -stände.

Bereits 1840 tauchten die ersten Blätter auf, die mit Stahlstichen bedruckt waren. Aber diese Schreiben galten noch nicht als Postkarte, da sie keine offizielle Zulassung hatten. 1861 wird die erste Postkarte in den Vereinigten Staaten gedruckt, doch fehlen dieser Karte noch die charakteristischen Merkmale, wie Adress- und Briefmarkenfeld. 1869 wird die erste offizielle Postkarte, die so genannte „Correspondenz-Karte“ in Österreich eingeführt, der Norddeutsche Bund folgt dieser Maßnahme mit einem Jahr Verspätung. Im gleichen Jahr (1870) wird die erste Postkarte mit Aufdruck verschickt. 1872 wird die erste Ansichtskarte entworfen – mit einem Schweizer Motiv. Um die Jahrhundertwende erreicht die Postkartenbegeisterung ihren Höhepunkt. In diesem Zeitraum entstehen auch die beliebten Karten mit dem Aufdruck „Gruß aus …“. Aber die Postkarten werden nicht nur versandt, sondern auch leidenschaftlich gesammelt.

Bei ihrer Herstellung operierte man mit verschiedenen Fertigungstechniken. Neben der Lithographie, dem Steindruck, wurde auch die Phototechnik eingesetzt. Bei der Lithographie wurden mehrere Steinplatten, die verschiedene Bereiche der Karte einfärbten, nacheinander auf den Postkartenkarton gedruckt. Bei der Photographie, die auch als „echte Photographie“ ausgezeichnet wird, erfolgt der Druck direkt von der Photoplatte auf ein lichtempfindliches Papier.

Vielfach verwendete man die Photographie nur als Grundlage für den so genannten Photodruck. Häufig wurden in einem weiteren Schritt die Abbildungen teilweise von Hand, teilweise mit Hilfe von Schablonen koloriert. Gegen 1920 hielt der Offsetdruck auch bei der Herstellung von Postkarten Einzug. Dieses Verfahren war wesentlich kostengünstiger als die aufwendigen lithographischen Verfahren, hatte aber gleichzeitig den Nachteil einer geringeren Detailtreue.

Der Festplatz ist eine Welt ganz außergewöhnlicher Natur, die sich schon räumlich von der Alltagswelt abhebt. Dies wird oft schon dadurch deutlich, dass ein Tor oder ein besonderer Eingang den Zugang zum Festplatz freigibt. Und nachts wird diese Unwirklichkeit durch die Festbeleuchtung noch unterstrichen.

Die Volksfeste und Vergnügungsparks haben ihren Ursprung letztlich in der mittelalterlichen Kirmes. Die Kirmes bezeichnete das Fest, das zu Ehren des Namenspatrons einer Kirche abgehalten wurde. Mit dem Erstarken der Städte und der Verleihung von Marktrechten entstanden die ersten Jahrmärkte. Noch in der Bezeichnung „Messe" schwingt die Reminiszenz an die Kirchmesse mit. Bis zum neunzehnten Jahrhundert bestimmten Budenmessen das äußere Erscheinungsbild der Jahrmärkte. Gezeigt wurden in der Hauptsache Tierschauen, so genannte Menagerien und akrobatische Vorführungen. Im Kontext der Industrialisierung wurden schließlich neue Techniken und Ingenieurleistungen von den Schaustellern dazu genutzt, neue aufregende Attraktionen zu entwickeln.

Auf den Karten auf dieser Seite lässt sich sehr gut ein Eindruck von der Budenmesse vor neunzehnhundert gewinnen. An Stelle großer Fahrgeschäfte bestimmten Zelte und Stände das Aussehen des Festplatzes.

Die Attraktionen auf den Jahrmärkten der Jahrhundertwende lassen sich grob in vier Gruppen unterteilen. In eher einfache Geschicklichkeitsgeschäfte wie Kraftmesser und Schießbuden, in Glücksspielgeschäfte, in eine bunte Vielzahl der unterschiedlichsten Schaubuden, sowie in die technischen Attraktionen wie Karussells oder Achterbahnen.

Die ersten Schießstände entstanden um 1840. Bei diesen Schießbuden handelte es sich noch um verhältnismäßig einfache Geschäfte. Oft genügte eine Wand mit einer Zielscheibe, manchmal ein Tisch, damit der Schütze das Gewehr auflegen konnte.

Erst gegen Ende des Jahrhunderts wurden die Buden überdacht, damit der Schütze gegen äußere Witterungseinflüsse wie Regen geschützt war. Geschossen wurde auf tönerne Pfeifen, vor allem aber auf Schießscheiben, die oftmals mit einer Mechanik verbunden waren, so dass ein Treffer eine Aktion der Schießscheibe auslöste.

Die detaillierte Bestückung der Schießbude mit Fruchtbarkeitssymbolen korrespondiert mit zweideutigen Texten, die das Schießen mit sexuellen Avancen aufladen. Bei der Abbildung unten wird eine direkte Verbindung zwischen dem Schießen als Akt der Männlichkeit und der Frau als „Jagdbeute" hergestellt.

Aber nicht nur bei den Schießbuden, auch bei anderen Jahrmarktsspielen wie dem Krafthammer, oder volkstümlich „Hau den Lukas", spielt das Werben um einen Geschlechtspartner eine tragende Rolle; so ist dieser Kraftmesser letztlich nichts anderes als ein Indikator für „Männlichkeit".

Doch wird nicht nur die Kraft zur Schau, sondern auch das Glück auf die Probe gestellt. Zu den Glückspielen auf dem Jahrmarkt gehören die unterschiedlichsten Formen von Lotterien und Glücksrädern, denen eines gemeinsam ist: im Unterschied zu den Kraftmessern und Schießbuden ist hier das Glück die maßgebliche Instanz.

Die Losbuden waren seltener. Weitaus häufiger fand man Würfelbuden und vor allem Glücksräder auf den Jahrmärkten. Die Losbuden beeindruckten oft durch ihre immensen Ausmaße und durch ihre Bestückung mit den unterschiedlichsten Waren. Im Vergleich zu heutigen Losbuden waren es allerdings weniger Spielwaren als vielmehr Haushaltsartikel, wie Tücher oder Geschirr, wenn auch minderwertiger Qualität, die als Preis ausgesetzt wurden – wobei neben dem materiellen Wert immer auch ein symbolischer transportiert wird. So sind die Gewinne einerseits sichtbares Kennzeichen dafür ein „Glückskind" zu sein, andererseits aber beziehen sie sich oft auch auf den Partner, dem jetzt sozusagen symbolhaft etwas für den Haushalt und damit etwas für den imaginierten gemeinsamen Güterstand überreicht wird.

Letztlich aber ist das Glücksspiel eben wortwörtlich zu verstehen: als ein Spiel mit dem Glück, oder besser als Spiel um das Glück, eine Probe, ob einem das Schicksal hold ist.

Bei der Betrachtung historischer Jahrmarktsabbildungen fällt auf, dass die Schaubuden dort an Anzahl vorherrschend sind. Ganz im Unterschied zu den zeitgenössischen Jahrmärkten, die stärker von technischen Attraktionen bestimmt werden. So führt das Schaustellerhandbuch 2000 gerade noch sechs Schaubuden für das ganze Bundesgebiet auf. Das Spektrum der Schaubuden der Jahrhundertwende war jedoch wesentlich vielschichtiger und umfangreicher. So gab es artistische Vorführungen, Jahrmarktszirkusse, Schaustellungen, (wie bei der Abbildung unten „Deutschlands stärkste Männer"), Völkerschauen, so genannte Side-Shows oder Freak-Shows, Panoptici, Panoramen, Figurentheater wie das Kasperltheater und Trickvorführungen wie die „Dame ohne Unterleib".

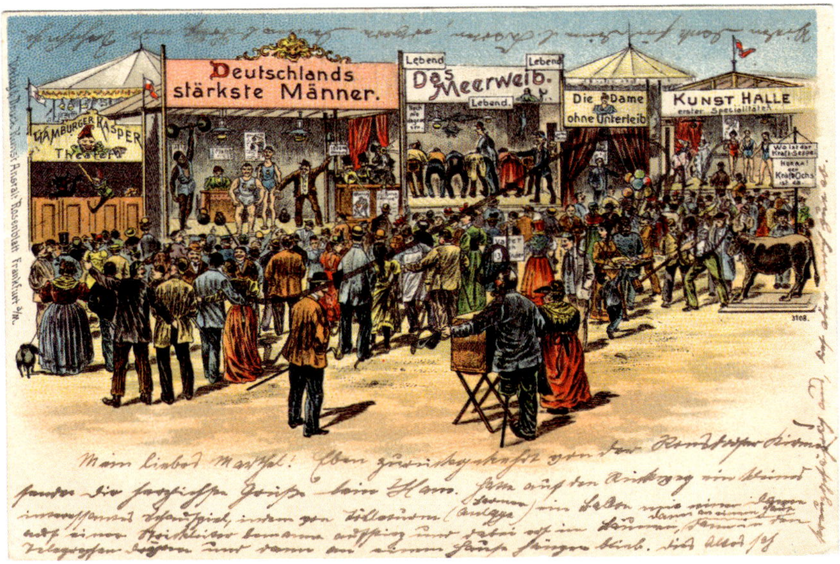

Die meisten Schaubuden waren nach dem gleichen Prinzip aufgebaut. Im vorderen Teil fand sich ein Podium, die „Parade", auf der der Rekommandeur lautstark und reißerisch die Attraktionen anpries. Diese lagen im hinteren Teil und konnten meist nur gegen Bezahlung betreten werden, da sie das eigentliche Geschäft ausmachten. Die Rekommandeure prägten mit ihrer exaltierten Darstellung, die oftmals fließend in eine Art Selbstdarstellung überging, das Flair des Jahrmarkts entscheidend. Das Reißerische und Übertriebene gehörte fest zum Repertoire ihrer Vorführung und sollte die Kundschaft sowohl an- als auch in das Geschäft locken. Bei der unten stehenden Abbildung ist ein typischer Rekommandeur bei seiner Arbeit zu sehen. Anhand der Karte „Gruß von der Vogelwiese" kann man noch die Atmosphäre erspüren, die in den oft derben Sprüchen der Anpreiser herrschte.

Angelockt wurde das Publikum aber nicht nur durch die Ankündigungen der Rekommandeure, sondern auch durch kurze Programme, die auf dem Podium vorgeführt wurden.

Auf diesen beiden Abbildungen sind einige der typischen Schaubuden-attraktionen zu sehen. Immer schwang hier, wie auch an den Texten deutlich wird, eine erotische Komponente bei der Präsentation mit.

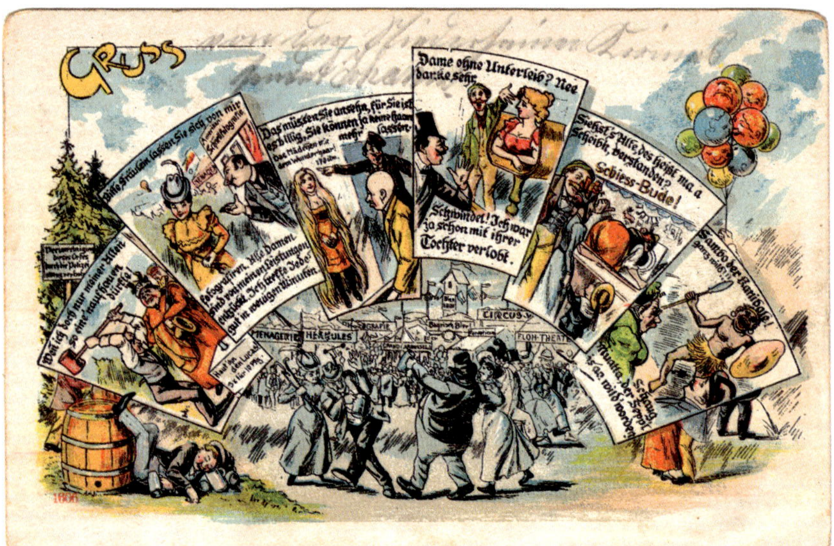

Die artistischen Vorführungen sind die ältesten überlieferten Schaustellungen auf Jahrmärkten. Oft fanden diese Vorführungen unter freiem Himmel und nicht in einem Zelt statt.

Der Reiz dieser Darbietungen bestand einerseits in der Bewunderung der Körperbeherrschung der Artisten, andererseits spielte auch Schaulust eine prägende Rolle, was durchaus im doppelten Sinne zu verstehen ist. So stand neben der antizipierten Angst, dass dem Artisten bei dem ersten falschen Schritt ein Unglück zustoßen könne, auch die Lust auf den bevorzugt weiblichen Körper, der durch eine entsprechende Kostümierung noch zusätzlich hervorgehoben wurde.

Meist waren es mehrköpfige Gruppen, die verschiedene akrobatische Programme vorführten. Dazu gehörten Kraftakrobaten, Bodenakrobaten, Kleintierdressuren und komische Vorführungen, wie etwa Clownerien. Auf der unten stehenden Abbildung sind einige dieser Akrobaten illustriert. Bemerkenswert an dieser Darstellung ist, dass viele weibliche Akteure zu sehen sind.

Auf ein weiteres kleines Detail sei hier auch noch hingewiesen. Bei den dressierten Tieren auf der Abbildung unten handelt es sich um Pudel. Diese Rasse erwies sich aufgrund ihres gelehrigen und verspielten Charakters als besonders für Kunststücke geeignet und erhielt so auch den Beinamen „Zirkushund“.

Bei der obigen Postkarte ist im rechten Bereich noch ein Sonderfeld eingedruckt, das auf ein Extra Cabinett anspielt. Hier wurden meist gegen Abend so genannte Herrenprogramme gezeigt, die eine starke erotische Ausrichtung besaßen.

Wie diese Abbildungen demonstrieren, waren viele Programme sehr offenherzig und die eigentliche Vorführung nur Vorwand für eine für damalige Verhältnisse sehr freizügige Darbietung.

Neben den akrobatischen Programmen waren auch Kuriositäten-Shows auf den Jahrmärkten sehr häufig anzutreffen. Präsentiert wurden hier Personen und Tiere mit Missbildungen, häufiger aber Menschen und Tiere mit unterschiedlichen, oft durch Krankheit bedingten, Wachstumsstörungen.

Auf der obigen Karte sind gleich mehrere dieser Schaubuden abgebildet. So werden in einer Bude „Riese und Zwerg“ angepriesen, in einer weiteren „Selma die Riesendame“ und eine Bude weiter wird mit der jahrmarktstypischen Übertreibung „Das größte Schwein der Welt“ angekündigt. Bei den so genannten Riesen handelte es sich normalerweise einfach um sehr großgewachsene Menschen. Meist wurden diese durch besonders kleingewachsene „Zwerge“ oder „Liliputaner“ Menschen konterkariert. Auffallend ist nun, dass kulturhistorisch gerade besonders große oder kleine Menschen auch mit einer außergewöhnlich großen Potenz in Verbindung gebracht wurden. Diese Attributierung wurde bemerkenswerterweise, wie wir bei den „Riesendamen“ sehen werden, aber nicht zensiert, sondern noch subtil hervorgehoben.

Bei den „Riesendamen“ war eine Krankheit in der Kindheit Ursache für eine Störung der Wachstumsentwicklung. Auf der Parade stellte man oft Kleidungsstücke der „Riesendamen“ zur Schau. Ausgelöst wurde damit zugleich auch eine anzügliche Phantasie der Überdimensionierung der sekundären Geschlechtsorgane. Die „Riesendamen“, die teilweise auch als „Kolosse“ präsentiert wurden, waren relativ häufig auf den Jahrmärkten zu finden, daher gibt es auch eine Vielzahl von Abbildungen dieser Schaubudenattraktion.

Auf der unteren Postkarte sehen wir neben dem „Riesenkind“ auch eine Schaubude mit einer „Seejungfrau“; diese Sensation basierte im Unterschied zu den „Riesendamen“ allerdings auf einem Trick.

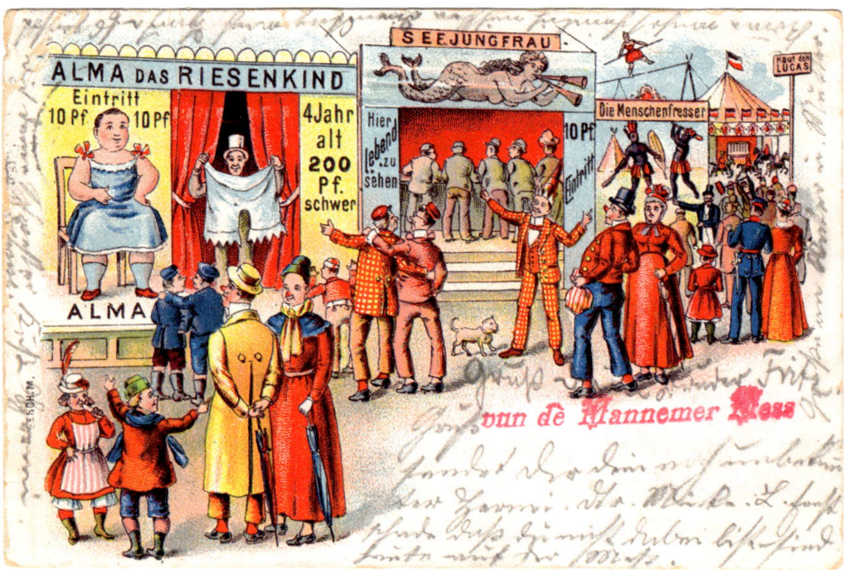

Bei all diesen Schaustellungen, oder besser Zurschaustellungen, spielte sicherlich Neugierde und ein imaginiertes Schaudern über die „Abnormität“ eine tragende Rolle. Für den heutigen Betrachter wirkt die Zurschaustellung von Menschen befremdlich bis obszön. Der Übergang zwischen Neugierde und Voyeurismus ist, wie auf der folgenden Abbildung zu erkennen, fließend. So wird etwa „Signora Florchen“ in einem extra abgeschiedenen Raum „ausgestellt“, zu dem nur Männer Zutritt haben, die mit einer gewissen Lust ihre Blicke auf den Körper des Mädchens richten.

Neben den Riesendamen wurden aber auch andere Personen mit angeborener Besonderheit ausgestellt. Berühmtheit erlangte vor allem „Lionel der Löwenmensch".

Hier lag eine pränatale Störung des Haarwuchses vor. Gezeigt wurden diese Menschen als so genannte „Missing Links", also Geschöpfe mit einer anphantasierten Stellung zwischen Mensch und Tier. Sie sollten als „Beweisstücke" für die damals entstehende Evolutionstheorie gelten, nach der sich der Mensch aus dem Tier entwickelt hat. Es ist auch überliefert, dass Wissenschaftler die Schauen zu Forschungszwecken besucht haben. Diese vorgebliche Verbindung von Wissenschaft und Unterhaltung sollte der „Echtheit" und Glaubwürdigkeit des Vorgeführten eine seriöse Reputation verleihen, wobei hier dennoch ganz eindeutig mit der Schaulust und der Sensation des Außergewöhnlichen gearbeitet wurde. Gerade diese Schaubuden dienten – im Unterschied zu Menagerien – keiner popularisierten Form der Vermittlung von neuem Wissen.

Aber nicht nur Behinderte, auch Fremde wurden dem neugierigen Jahrmarktspublikum dargeboten. Man zeigte bevorzugt Menschen aus den jeweiligen Kolonien mittels einer Rekommandation, die die Wildheit und Unzivilisiertheit der Ausgestellten in den Vordergrund rückte.

Gekoppelt mit der Zurschaustellung war auch immer eine latente Phantasie über die sexuelle Leistungsfähigkeit der so genannten „Primitiven“ – wobei das Jahrmarktspublikum sich durchaus der Täuschung und der Übertreibung bewusst war, wie die Abbildung zeigt.

Es muss hier angemerkt werden, dass für diese bedauerlichen Personen die Zurschaustellung auf einem Jahrmarkt oft die einzige Möglichkeit war, ein gewisses finanzielles Auskommen zu finden.

Eine andere Form der Schaubuden bildeten die unterschiedlichen Tierschauen, die so genannten Menagerien. Hier wurden Tiere teils einfach nur präsentiert, teils wurden aber auch Dressuren vorgeführt. Besonders spektakulär waren natürlich Vorführungen von besonders exotischen Tieren wie Elefanten oder Nashörnern oder die Dressur von Raubtieren. Die Menagerie erfüllte dabei zweierlei Funktionen: einerseits diente sie der Belustigung des Publikums, zugleich aber war sie auch ein Bildungsmedium für das einfache Volk.

Eine Sonderstellung kam dem Elefanten zu, der schon durch seine schiere Größe die Phantasie der Besucher beflügelte – obwohl Elefanten bereits seit dem Mittelalter bekannt waren.

Die Tierdressuren waren aber keineswegs ungefährlich. Es konnte durchaus vorkommen, dass eines der Tiere ausbrach. Und genau dieses Spiel mit der Gefahr machte den Reiz der Vorführung aus.

Im Hippodrom konnten Ungeübte ihre Reitkünste zur allgemeinen Belustigung erproben. Hier lässt sich sehr schön zeigen, wie ein ehemals exklusives, dem Adel vorbehaltenes Vergnügen, nämlich der Ausritt zu Pferde, sich im Laufe der Zeit zu einer Volksbelustigung entwickelte. Der Besucher des Hippodroms konnte sich zumindest im Vorfeld einen Pferderitt imaginieren.

Eine ganz andere Art von Schaubudenattraktion waren die Ringkampfbuden, wobei hier der „Damen-Ringkampf" sich besonderer Beliebtheit erfreute.

Die Guckkästen, waren eine optische Spielerei. Hier wurden im Inneren von Kästen Szenen so montiert, dass der Eindruck eines dreidimensionalen Sehens entstand. Diese Guckkästen hatten wenig mit den „Kaiserpanoramen" gemein, die in besonderen Gebäuden zentralperspektivisch gemalte Szenen dem Publikum darboten und sozusagen ein ideeller Vorläufer des Kinos waren. Immerhin finden wir auch kleine Versionen dieser Panoramen auf dem Jahrmarkt, die aber im eigentlichen Sinne eher Dioramen waren, also Szenen mit einer räumlichen Tiefe. Das Kino war anfangs – wie so viele technische Neuerungen – gleichfalls eine Jahrmarktsattraktion; gezeigt wurden kurze Filme, die teils komische Szenen, teils aber auch Dokumentationen bestimmter historischer Ereignisse zum Inhalt hatten.

Die Vorläufer der Bildprojektionen auf dem Jahrmarkt sind in den schaurig-schönen Bildtafeln der Moritatensänger zu sehen. Beliebt war etwa die Moritat von „Mariechen“.

Mariechen saß weinend im Garten,
im Grase lag schlummernd ihr Kind
Durch ihre rot-braunen Locken,
weht leise der Abendwind.
So war so müd, so traurig
So ernst und geisterbleich,
und dunkle Wolken zogen,
und Wellen schlugen den Teich.
(Volkstümlich)

Die neue Technik der Lichtbilder popularisierten die Photographen auf den Jahrmärkten. Sie passten ihre Kunden in fiktive Szenarien ein und wiesen ihnen somit für einen Augenblick eine neue soziale Rolle zu.

Das Riesenrad gehörte auf dem Jahrmarkt zu den markanten Attraktionen, die den Festplatz gleichsam dominierten. Die Vorläufer der heute uns bekannten Riesenräder bildeten die „Russischen Schaukeln“, kleine Riesenräder, selten größer als 12 Meter, die schon im siebzehnten Jahrhundert bekannt waren. Das erste Riesenrad heutiger Bauweise ist das 1893 im Rahmen der Weltausstellung in Columbia von George Ferris konzipierte „Observation Roundabout“. Dieses Rad löste einen wahren Boom aus, innerhalb weniger Jahre wurden weltweit weitere Räder gebaut, wie etwa das noch heute existierende Riesenrad im Wiener Prater (1897). Diese Räder bildeten zusammen mit den „Russischen Schaukeln“ die Vorlage für die transportablen Räder, die heute auf den Jahrmärkten anzutreffen sind.

Zu den ältesten überlieferten Vergnügungsgeräten, die ihren festen Platz auch auf vielen Kinderspielplätzen haben, gehören die mannigfaltigen Formen der Schaukeln. Diese haben ihre Würdigung in Hans Albers´ Lied erfahren: „Komm auf die Schaukel, Luise“.

Daneben sind auch die Rutschen beliebte Attraktionen, die auf ein schlichtes Grundprinzip zurückzuführen sind. Auf einer geneigten Fläche rutschten die Besucher hinunter und gerade dieser kontrollierte Kontrollverlust machte den Reiz dieser Attraktion aus.

Das Prinzip der Rutschbahn findet sich sowohl in der von heutigen Festplätzen verschwundenen Attraktion der Seilbahn, als auch bei den Wasserrutschen, die, sofern es die räumlichen Voraussetzungen erlaubten, bei großen Ausstellungen aufgebaut wurden.

Eine beliebte Variation davon war der Toboggan: Hier rutschen die Besucher eine um einen Turm herumgewundene Bahn hinunter. Auf der unten stehenden Abbildung ist solch ein ursprünglich aus Nordamerika stammender Toboggan zu sehen.
Der Ausdruck Toboggan hat seinen Ursprung in der Sprache nordamerikanischer Ureinwohner, wo er einen „leichten Schneeschlitten“ bezeichnete.

Auf der unten stehenden Abbildung sehen wir eine Karikatur eines Toboggans auf dem Oktoberfest, bei dem sich das Laufband an einem überdimensionalen Bierfass hochwindet und die Besucher sozusagen von der Fahrt „berauscht“ unten vom Publikum empfangen werden.

Diese Karikatur zeichnet ein treffendes Bild der unterschiedlichen Räusche, die auf einem Jahrmarkt anzutreffen sind. So steht der mechanisch produzierte Rausch nahtlos neben dem alkoholischen, wobei sich beide steigernd ergänzen.

Neben der Rutsche war eine weitere Besonderheit des Toboggans ein die Besucher auf den Turm hinaufbeförderndes Laufbahn. Oft endete die Rutschpartie auf einem so genannten Teufelsrad, das die Gäste zentrifugal verwirbelte.

Das Geschehen auf einer solchen Rutschbahn hat alle Elemente einer Initiationsprüfung: Der Besucher liefert sich ohne Kontrolle einem Geschehen aus und gibt sich sozusagen seinem Schicksal hin. Gerade dieser Moment des Kontrollverlusts ist es, der die besondere Faszination dieser Geschäfte auszumachen scheint. Es ist, vereinfacht gesagt, eine Mutprobe für Erwachsene, die der jugendlichen Phase des Mutprobenbestehens eigentlich entwachsen sind und sich hier nochmals die scheinbare Unbeschwertheit des Kindseins vergegenwärtigen.

Dieses Spiel mit dem Gleichgewichtsverlust ist ein Element, das sich auch bei anderen Jahrmarktsattraktionen – wie etwa drehenden Trommeln – fand und auch heute noch zum festen Repertoire der Kirmes gehört.

Diese Attraktionen waren die ideellen Vorläufer der Achterbahnen. Die ersten Achterbahnen wurden Anfang des zwanzigsten Jahrhunderts aus Holz gebaut und hatten nur ein leichtes Gefälle.

Bereits zu diesem Zeitpunkt gab es auch schon Versuche, Loopings in die Bahnen zu integrieren wie oben rechts auf der Abbildung zu sehen ist.

Die anfänglich eher leichten Gefälle wurden im Laufe der Zeit immer steiler, was auch die Veränderungen im Chaisendesign ermöglichten. Damit einher ging ein größerer Abwechslungsreichtum und ein gesteigertes Fahrtempo und der Fahrspaß verlagerte sich von einer betulichen Landschaftsschau hin zu einem rasanten Fahrterlebnis, das mit unterschiedlichen positiven und negativen Schwerkraftsverhältnissen spielte. Eingebettet waren viele dieser frühen Bahnen in künstliche Landschaften und zitierten damit einen Ursprung der Achterbahnen, der in den Lorensystemen der Bergwerke zu finden ist. So entwickelte sich aus dem „Roller Coaster", wie die amerikanische Bezeichnung für die Achterbahn lautet, eine wahre „screaming machine".

Die unterschiedlichen Karussells durften auch schon damals auf keinem Festplatz fehlen. Die Vorläufer der Bodenkarussells reichen bis in das Mittelalter zurück und zitieren – wie oben stehende Abbildung verdeutlichte Elemente des adligen Lebens.

Aber die Zeit ging auch nicht an den Aufbauten der Karussells spurlos vorbei und so wurden die Holzpferde durch Autochaisen ersetzt. Die Kunden konnten sich somit das damals exklusive Vergnügen einer Autofahrt imaginieren.

Die Postkarte von der Dresdner Vogelwiese veranschaulicht sehr schön in einer Reihe die unterschiedlichen Karussellformen. Im Vordergrund findet man eine große Berg- und Talbahn, dahinter ein Bodenkarussell und noch zurückgesetzter ein kleines Kinderkarussell.

Die Lust beim Karussellfahren entsteht durch einen physikalisch erzeugten Schwindel, da durch die Zentrifugalkräfte das Innenohr und andere Sinnesorgane irritiert werden. Ein ganz anderes Phänomen des Erlebnisses ist die technische Erzeugung von Intimität, indem die Fahrgäste durch die Fliehkräfte aneinandergepresst werden und sich so ein zwangsläufiger, aber durchaus intendierter Körperkontakt zur Begleitperson herstellt.

Ein völlig differentes Fahrgefühl als bei den gerade beschriebenen Rundfahrgeschäften bietet die Krinoline. Bei diesem Fahrgeschäft wird die gesamte, an Seilen hängende Bodenplatte von Hand in Schwingung versetzt.
Die Krinoline ist erster populärer Urahn der modernen Hoch-Rundfahrgeschäfte, bei denen horizontale und vertikale Drehachsen kombiniert werden, um neue Fahrabläufe zu ermöglichen.

Eine Abwandlung des Bodenkarussells stellt die Berg-und-Talbahn dar. Dieses Fahrgeschäft entstand in den achtziger Jahren des neunzehnten Jahrhunderts und hat sich mit einigen technischen Anpassungen bis in die heutige Zeit erhalten.
Bei diesem Fahrgeschäft werden die Chaisen, die an Auslegern angebracht sind, über eine Fahrstrecke geführt, die in der Regel zwei Steigungen und zwei Senkungen enthält. Gelenkt werden diese Wagen dabei über eine Schiene in wesentlich schnellerer Fahrt als es die bis dahin bekannten Rundfahrgeschäfte ermöglichten.

Auf der unteren Abbildung sehen wir rechts im Hintergrund solch eine frühe Berg- und Talbahn, deren Prinzip bis in die heutige Zeit weiterentwickelt wurde.

Der Schausteller Hugo Haase war der erste bekannte Großunternehmer im Schaustellergewerbe und betrieb eine Vielzahl unterschiedlicher Fahrgeschäfte, wie etwa eine der ersten Achterbahnen, eine Berg- und Talbahn oder eine Stufenbahn. Einige der Geschäfte zeigen die Postkarten auf den nächsten Seiten.

Ein besonders beeindruckendes Fahrgeschäft war das Zeppelinkarussell, das auch noch lange, nachdem Hugo Haase es verkauft hatte, die Festplätze bereiste. Bei dieser Attraktion umkreisten vier Gondeln in Zeppelinform eine Weltkugel. Diese Chaisen senkten sich zur Aufnahme der Fahrgäste und wurden während der Fahrt angehoben, so dass die Kunden weit über den Köpfen der Besucher ihre Runden drehten und damit das Gefühl der Drehbewegung noch zusätzlich durch das Element der Höhe bereichert wurde.

Obige Abbildung zeigt den Urahn des modernen Autoskooters, den „eisernen See“ von Hugo Haase. Bei diesem Fahrgeschäft wurde die Bodenfläche bewegt, so dass die Besucher auf den erzeugten „Wellen“ ihr Fahrzeug steuern konnten.

Die lustigen elektrischen Selbstfahrer waren eine Weiterentwicklung von Hugo Haases „eisernem See“. Die Chaisen besaßen nun aber bereits eigene Antriebe.

Ein spezielles Vergnügen bereiteten die schienengelenkten elektrischen Grottenbahnen, die es den Verliebten ermöglichten, für ein kurzes tête-à-tête im Dunkeln zu verschwinden.

Das Prinzip der Grottenbahn wurde bald mit den Elementen von Laufgeschäften der „Haunted Houses“ wie der „Teufelsmühle“, in denen die Besucher durch bestimmte Effekte erschreckt wurden, verbunden. Es bildete somit die Voraussetzung für die Entstehung der modernen Geisterbahnen, wie wir sie noch heute kennen.

Sprachen wir bereits davon, dass die Erzeugung bestimmter körperlicher Sensationen ein Merkmal der Jahrmarktsattraktionen ist, so treffen wir bei den Geisterbahnen auf ein ganz neues Element: den Schreck. Dieser weicht, nachdem er erlitten wurde, einer fröhlichen Erleichterung.

Bevor wir zu dem letzten typischen Merkmal eines Jahrmarkts gehen, dem Feiern und der Feierlaune, laden wir den Leser zu einem kleinen Bummel über den Jahrmarkt ein. Betrachten wir die unten stehende Karte, so fallen uns dort schon viele der bekannten Attraktionen auf: Links beginnend ein Bodenkarussel, dahinter zwei Schaubuden und ganz im Hintergrund ist noch das „Hippodrom“ zu erkennen. Rechts daneben sehen wir Schiffschaukeln in Nachbarschaft mit einer Berg- und Talbahn, davor wieder einige Schaubuden und im Vordergrund einen Rekommandeur. Ganz vorne positioniert sind die typischen Bauchgeschäfte wie Würstchen-, Ballonverkäufer und Eisstand. Besonders schön an dieser Karte ist der abgedruckte Schaustellerzettel rechts oben, auf dem das „größte Schwein der Welt“ und „Laura das Riesenmädchen“ zu sehen sind.

Je nachdem zu welcher Tageszeit man einen Festplatz besucht, erscheint er ganz unterschiedlich; kann man tagsüber die Details der einzelnen Attraktionen erkennen, verwandeln nachts tausende von Glühlampen den Platz in ein einziges Lichtermeer.

Neben all den Attraktionen wie Schaubuden und Karussells gehören zu dem Fest natürlich auch die unterschiedlichsten Verpflegungsstände. Sie dienen allerdings nicht allein der Grundversorgung, sondern stellen selbst ein Erlebnis, ein nichtalltägliches Ereignis der Völlerei dar.

Die Speisen glichen schon damals der noch heute beliebten Küche; im Angebot fand man vor allem Würstchen, Brathähnchen oder Brezeln. Doch auch exklusivere Köstlichkeiten gab es auf den Jahrmärkten zu kaufen: Exotische Obstsorten wie Bananen, Kokosnüsse und Orangen oder Naschwerk aus Zucker und Schokolade. Vor allem aber prägten in der Hauptsache alkoholische Getränke die Feststimmung, wie die folgenden Abbildungen bezeugen.

Eine Sonderstellung unter den kulinarischen Verlockungen nahmen die Lebkuchenherzen ein, die nicht der Verköstigung, sondern als „Liebesgabe“ dienten und deren zuckerne Schrift ein Kompliment an die Auserwählte wiedergab.

Die allgemeine Feierlaune auf dem Festplatz ermöglichte den Besuchern nicht nur eine Auszeit vom Alltag, sondern war und ist immer noch einem gegenseitigen Kennenlernen dienlich. Nicht unerwähnt bleiben darf dabei die Rolle von Erotik und Sexualität, wie obige Postkarte sichtbar macht.

Ein beliebtes Motiv sind die großen Trinkgelage auf den Volksfesten, bei denen man sich sozusagen ungeniert und in aller Öffentlichkeit dem alkoholischen Rausch hingeben durfte und dies auch genussvoll tat.

Die Intensität beim Alkoholgenuss geht fließend von einem leichten „Schwips“ bis hin zu einem maßlosen Vollrausch. Gerade hier bot das Festzelt mit seinen schier unerschöpflichen Vorräten an Alkoholika ein Projektionsbild eines paradiesischen Zustands, bei dem im Rausch alle Alltagssorgen und Probleme verschwinden und, solange der Nachschub an Alkohol fließt, auch nicht wieder ins Bewusstsein treten.

Diese Maßlosigkeit blieb nicht ohne Folgen, wie die folgenden Karten zeigen, auf denen die Betrunkenen aus ihrer sozialen Rolle fallen und alle Gewalt über sich verloren haben.

Besonders problematisch stellte sich dann der Weg nach Hause und vor allem die Rückkehr in die alte soziale Ordnung dar. Gerade der Kontrast von Nüchternen und Betrunkenen im öffentlichen Raum war ein beliebtes illustratorisches Thema.

So wird das Schwanken der Betrunkenen mit der Seekrankheit bildlich gleichgesetzt (siehe obige Karte rechts) und die Heimkehr zur Familie nach der zügellosen Hingabe an den Rausch schien auch Befürchtungen von Sanktionen nach sich zu ziehen.

Aber wenden wir noch einen Blick zurück und betrachten das Ende des Jahrmarkts, bei dem sich alle Teilnehmer in einer Feststimmung dem Feuerwerk als krönendem Abschluss selig genießend hingeben. Lassen wir nun das Jahrmarkterleben Revue passieren, so haben wir die unterschiedlichsten Geschicklichkeitsgeschäfte gesehen, haben Karussells und Achterbahnen bestaunt und uns dem Feiern gewidmet. An diesem Festort sind die Regeln des Alltags außer Kraft gesetzt, so dass hier z.B. auch der sonst streng normierten Sexualität ein öffentlicher Raum gegeben wird.
Und all die dargestellten Attraktionen vereint eines: ein – wenngleich auf unterschiedliche Weise hergestellter – Rausch, dem auf dem exklusiven Ort des Festplatzes gefrönt wird.

Quellen:

Dering, Florian: „Volksbelustigungen. Eine bildreiche Kulturgeschichte von den Fahr-, Belustigungs- und Geschicklichkeitsgeschäften der Schausteller vom achtzehnten Jahrhundert bis zur Gegenwart", Greno, Nördlingen, 1986.

Hille, Horst: „Postkarte genügt. Ein kultur-historisch-philatelistischer Streifzug", Urania, Leipzig, 1988.

Lanfer, Frank: „100 Jahre Achterbahn", Gemi Verlag, Reichertshausen, o.J.

Lehmann, Alfred: „Zwischen Schaubuden und Karussells. Ein Spaziergang über Jahrmärkte und Volksfeste", Paul Schöps, Frankfurt a.M., 1952.

Nagel, Stefan: „Schaubuden" (Online Veröffentlichung). [http://www.schaubuden.de/]

Szabo, Sacha: „Rausch und Rummel. Attraktionen auf Jahrmärkten und in Vergnügungsparks", Transcript, Bielefeld, 2006.

Till, Wolfgang: „Alte Postkarten", Battenberg, Augsburg, 1994.

Ebenfalls bei Olms lieferbar:

Montanus
Die deutschen Volksfeste, Volksbräuche und deutscher Volksglaube in Sagen, Märlein und Volksliedern
Erstes Bändchen: Die deutschen Volksfeste. Jahres- und Familienfeste.
Zweites Bändchen: Die deutschen Volksbräuche, Volksglaube und Mythologische Naturgeschichte. Iserlohn und Elberfeld 1854 und 1858.
Reprint: Hildesheim 2006. XVI/180 S. Leinen.
(BEWAHRTE KULTUR).
ISBN 978-3-487-12156-7

Die „Hochzeiten des deutschen Volkes", heute als deutsche Nationalfeste bezeichnet, galten lange Zeit als fruchtreichstes Förderungsmittel der geselligen Tugenden und der sittlichen Bildung der Nation, bevor sie durch Beschränkung oder gar Verbot ihre Bedeutsamkeit immer mehr verloren.
Montanus (Vincenz Jacob von Zuccalmaglio) beabsichtigt in seinem Beitrag zur vaterländischen Sittengeschichte, den nationalen Feierlichkeiten und Bräuchen ihren identitätsstiftenden Stellenwert zurückzugeben und für die Nachwelt zu dokumentieren. Dafür sammelte er sämtliche verfügbare Information über Volksfeste, Sitten und Sagen.
Als erste Quelle diente ihm das Volk selbst, doch zog er auch die geschriebene Überlieferung zu Rate. Resultat dieser akribischen, langjährigen Sammlertätigkeit ist ein Werk von großem kulturgeschichtlichen Wert, das nicht nur Erzählungen und Mären aufzeichnet, sondern auch die Bedeutung und den Ursprung dieser Vermächtnisse früherer Zeit zu erklären sucht.
Der erste Band stellt dabei die Jahres- und Familienfeste ins Zentrum der Studie, im zweiten Teil widmet sich der Autor den Volksbräuchen, Volksglauben und der Mythologischen Naturgeschichte.